ÉTUDES
CÉRAMIQUES

PAR

J. ZIEGLER

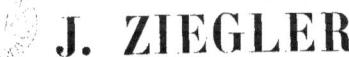

PARIS

GIHAUT FRÈRES   LÉVÊQUE
5, BOULEVARD DES ITALIENS   47, RUE DE LA BIENFAISANCE

MVCCCL

Monsieur

Je vous remercie des renseignemens que vous voulez bien
me donner. Je vais en écrire à Mr Engelmann.
L'atlas est complet avec 14 planches — néanmoins
il se pourrait que je fisse avec Mr Owen Jones,
architecte de Londres, une 2ème Partie
qui comprendrait les chefs d'oeuvre de la Forme Céramique
tirés des galeries de Londres, de Paris, florence
Rome etc. Mais cette nouvelle publication
aurait un autre titre. de sorte que vous
pourrez faire relier celui-ci. Il n'y a pas d'autre
titre que celui de la couverture.

Je me propose de vous faire visite
très incessament
votre très obéissant
serviteur
J. Ziegler

Le 14 mai 1850

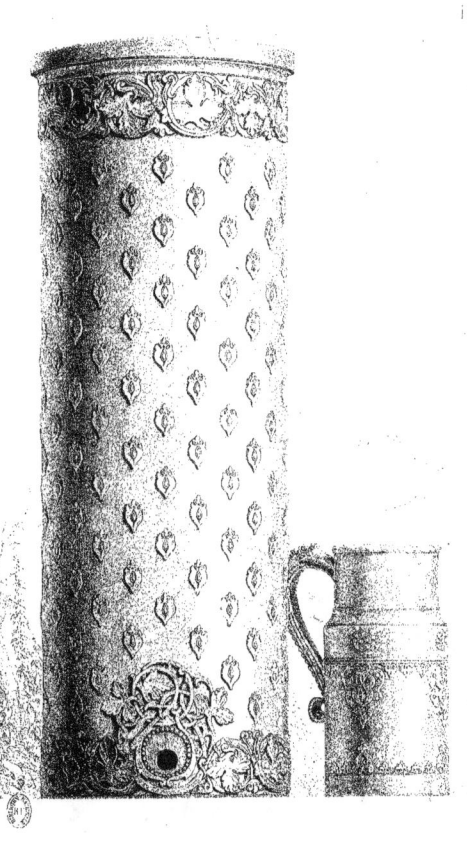

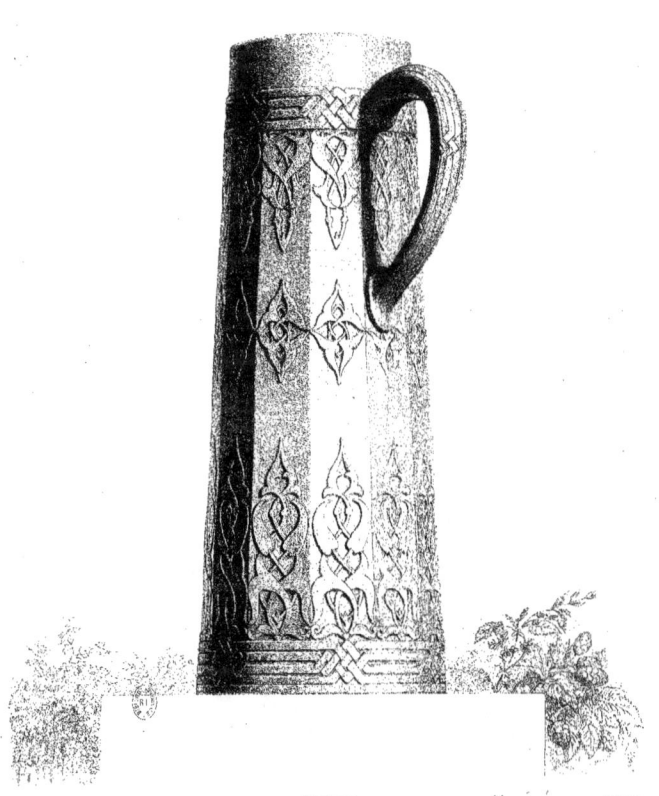

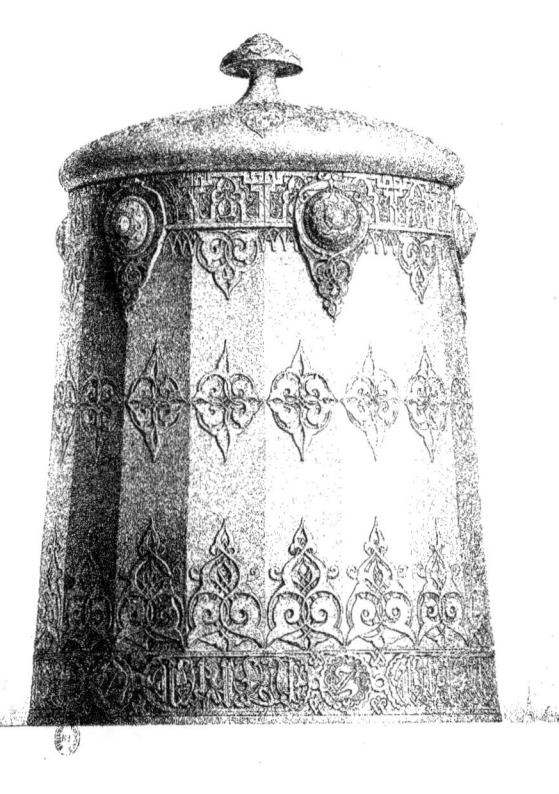

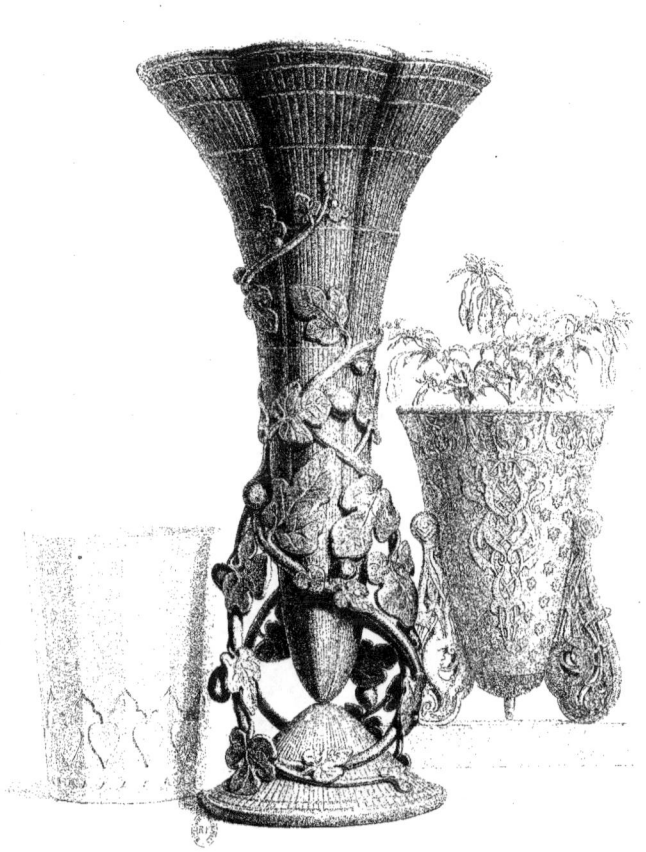

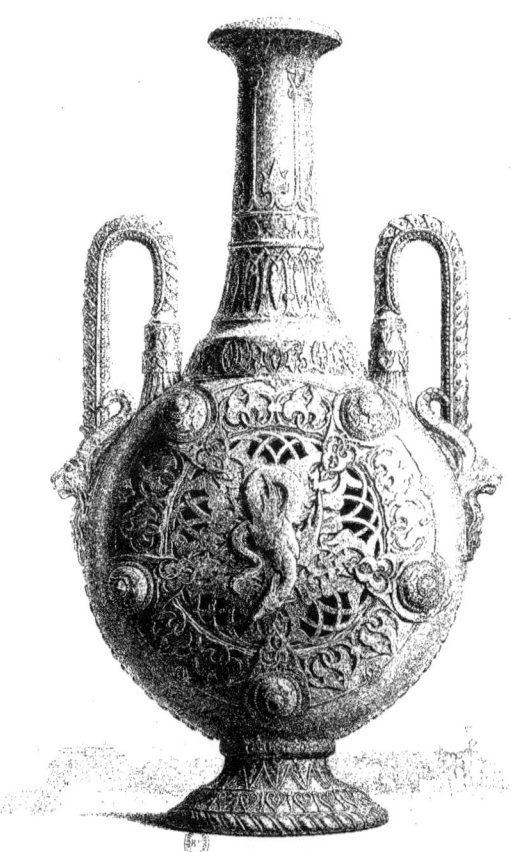

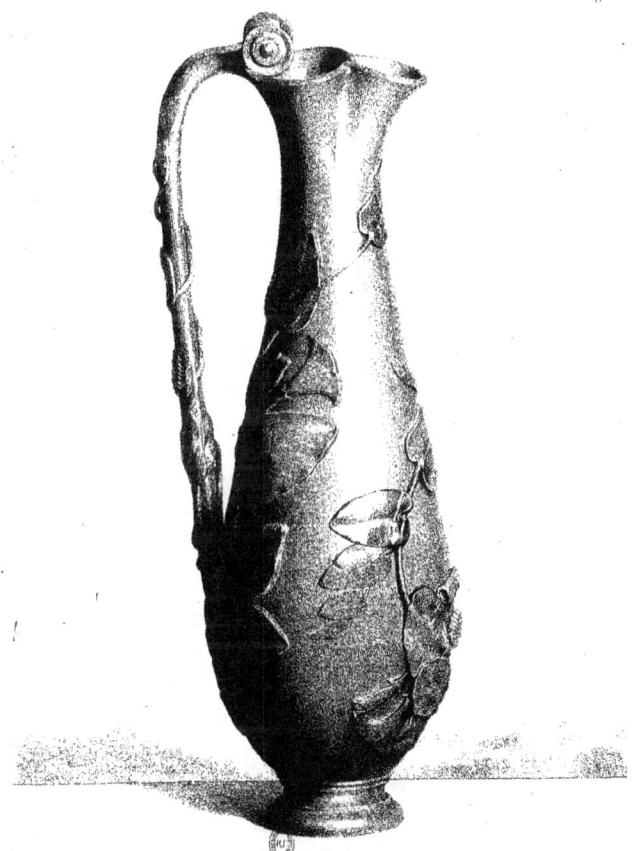

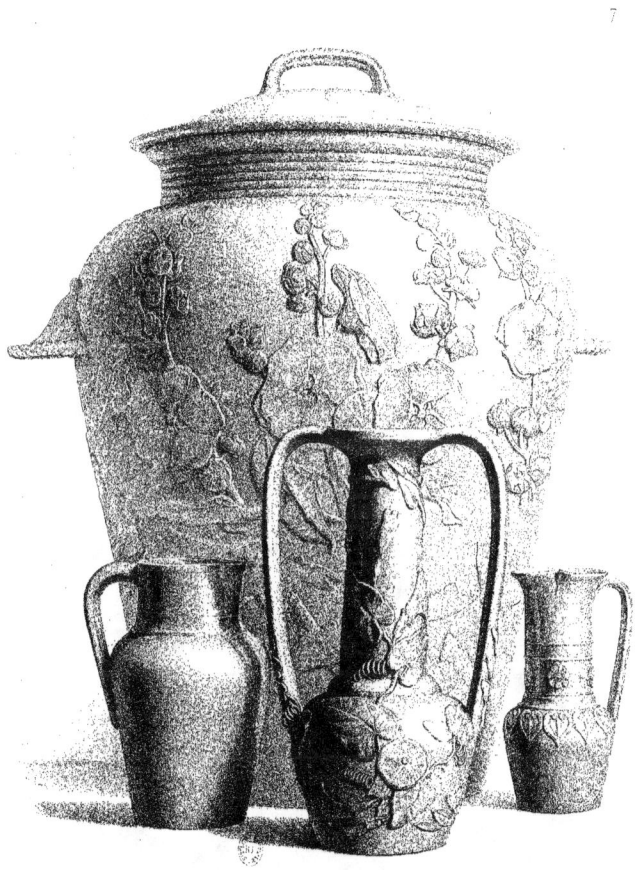

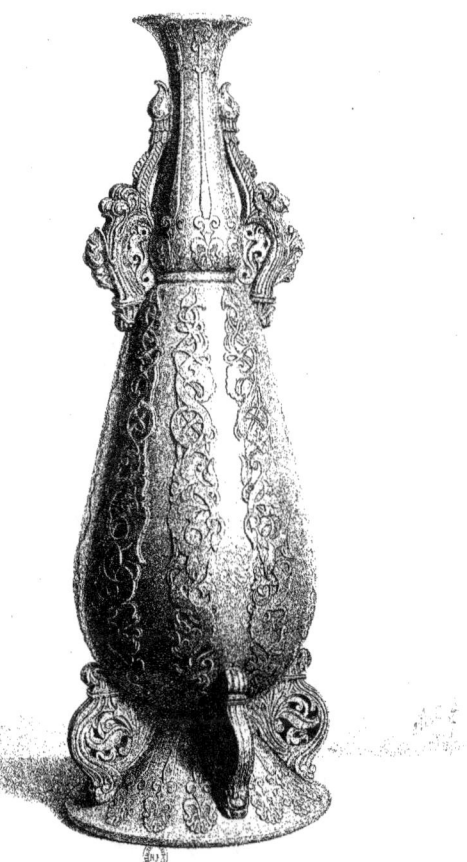

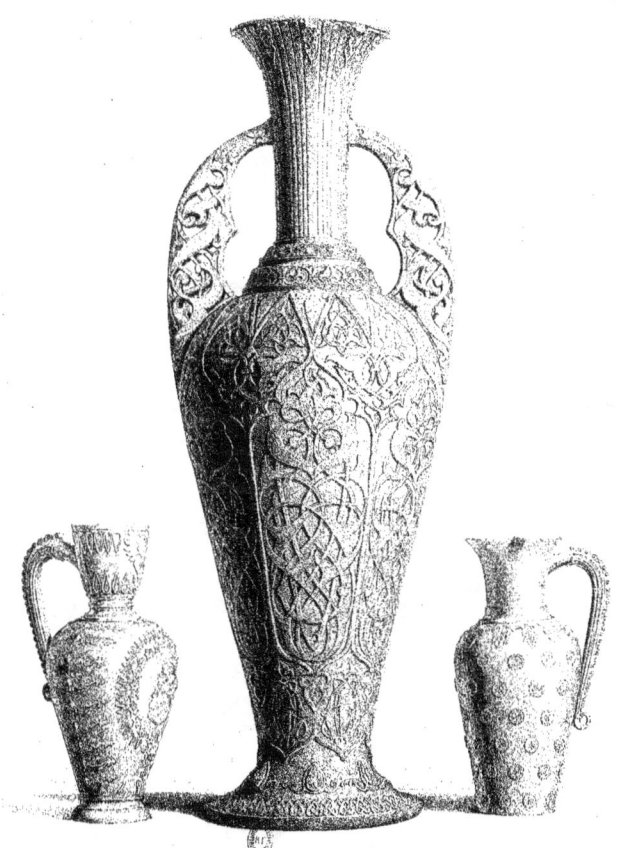

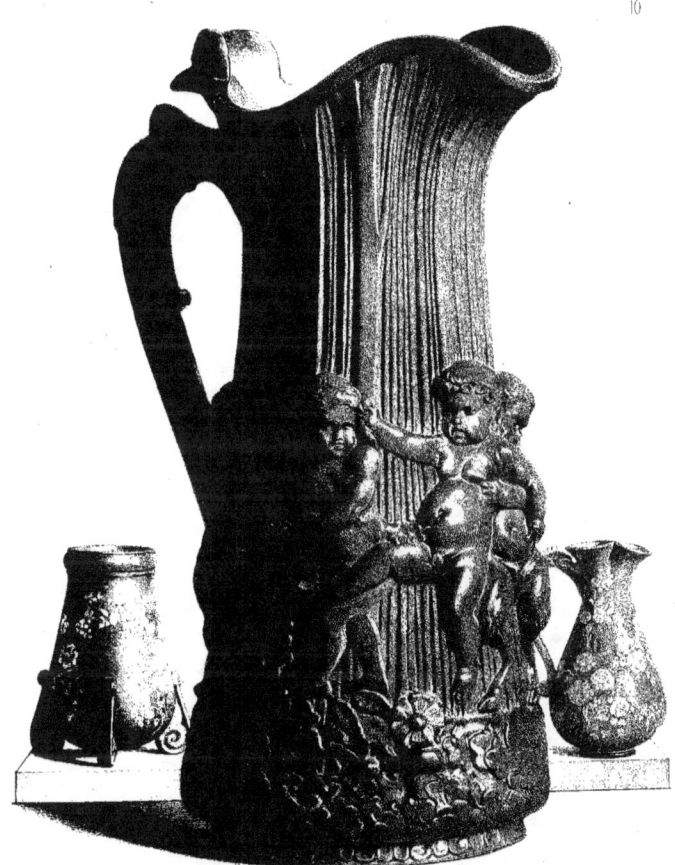

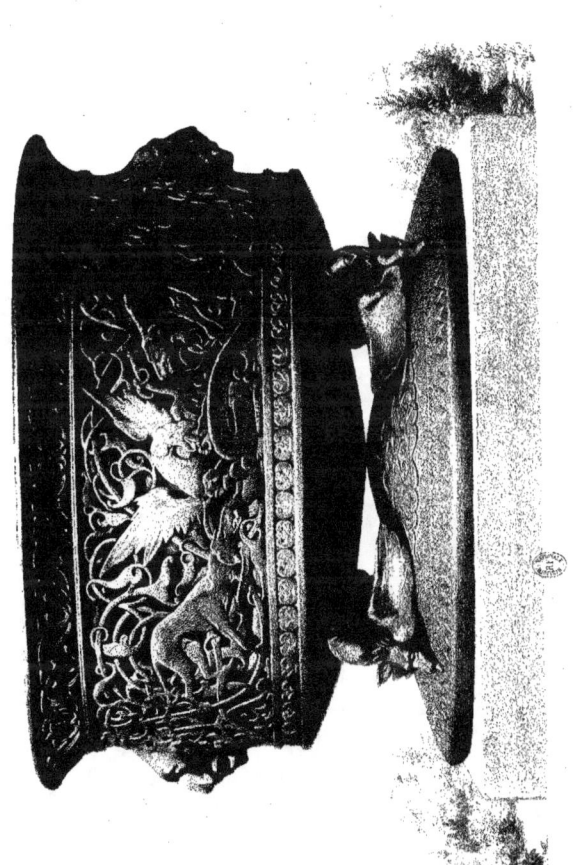

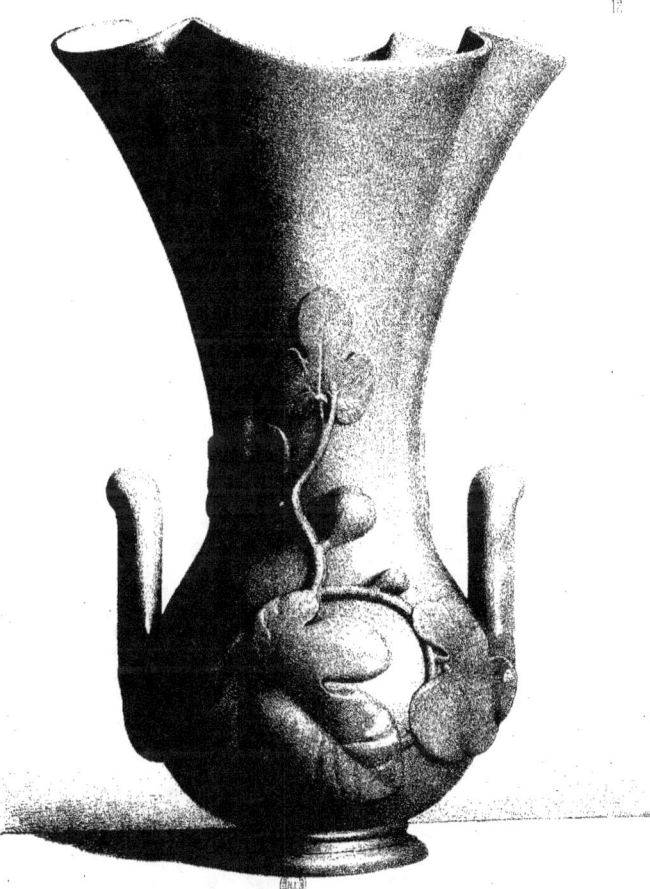

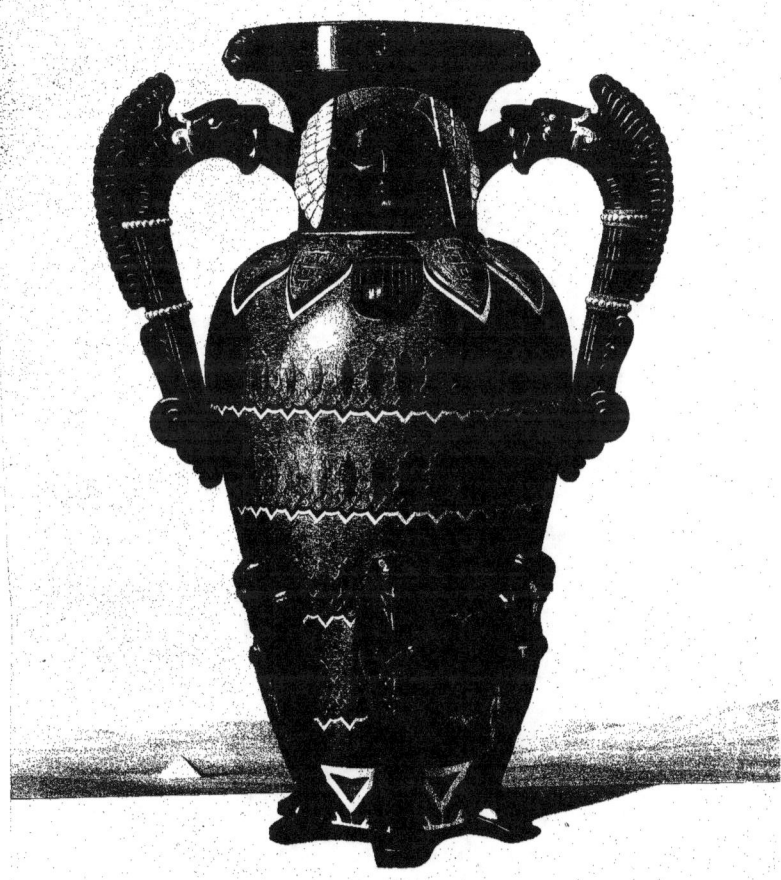

ZIEGLER INV.

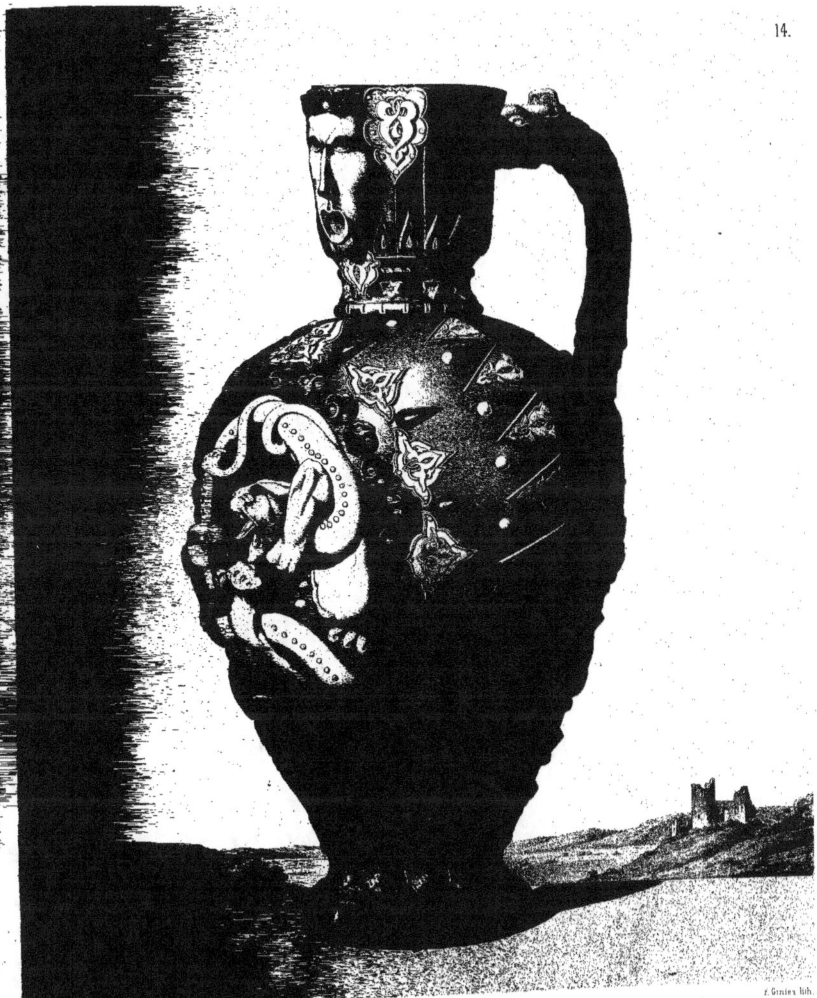

14.

Imp. Engelmann et Graf.   ZIEGLER INV.   r. Giniex lith.

www.ingramcontent.com/pod-product-compliance
Lightning Source LLC
Chambersburg PA
CBHW050036230526
45470CB00003B/1308